SPANNENDE SACHGESCHICHTEN
für wissbegierige Erstleser

Christina Braun
mit Bildern von Stefanie Scharnberg
und Barbara Scholz

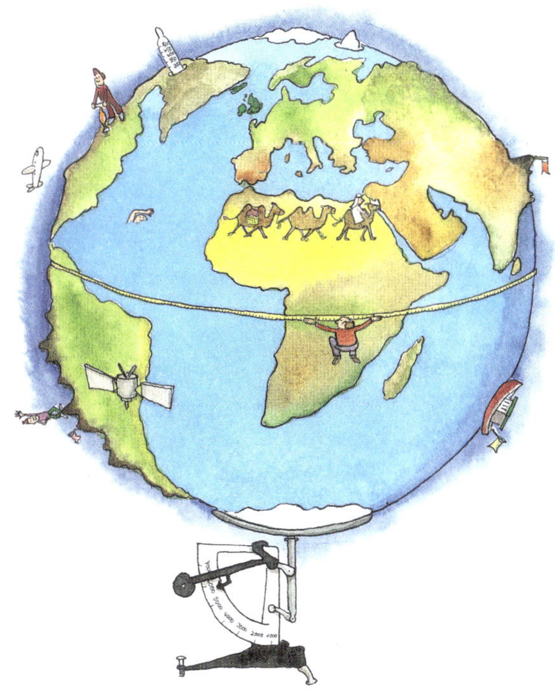

FISCHER Duden Kinderbuch

INHALTSVERZEICHNIS

ICH UND MEINE WELT

DER KÖRPER

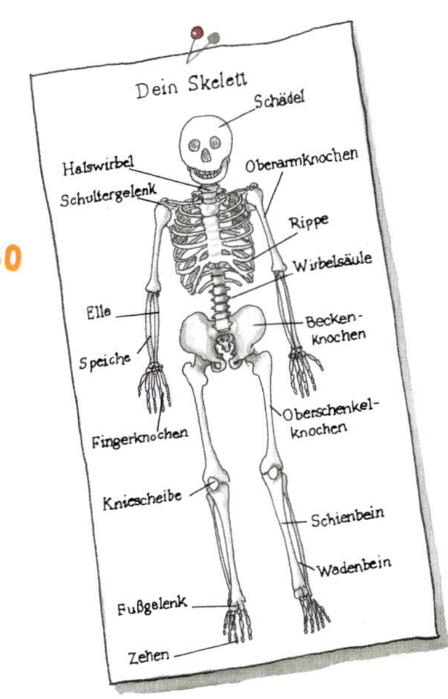

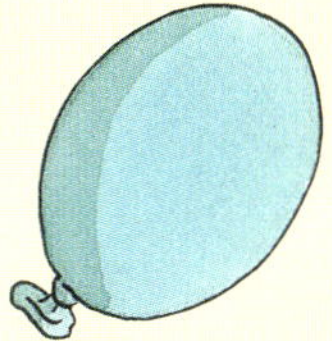

Hallo!

In den spannenden Sachgeschichten findest du an einigen Stellen Fragen und interessante Zusatzinfos.

Die Antworten auf die Fragen in den Sprechblasen kannst du hinten im Buch nachschlagen.

Viel Spaß beim Schmökern und Entdecken der Themenwelten!

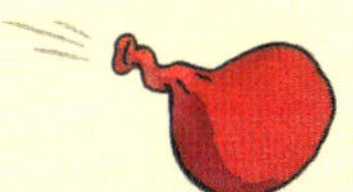

Aus Verantwortung für die Umwelt hat sich der Fischer Kinder- und Jugendbuch Verlag zu einer nachhaltigen Buchproduktion verpflichtet. Der bewusste Umgang mit unseren Ressourcen, der Schutz unseres Klimas und der Natur gehören zu unseren obersten Unternehmenszielen.

Gemeinsam mit unseren Partnern und Lieferanten setzen wir uns für eine klimaneutrale Buchproduktion ein, die den Erwerb von Klimazertifikaten zur Kompensation des CO_2-Ausstoßes einschließt.

Weitere Informationen finden Sie unter: www.klimaneutralerverlag.de

Weitere Informationen zum Kinder- und Jugendbuchprogramm der S. Fischer Verlage finden Sie unter: www.fischerverlage.de

MIX
Papier aus verantwortungsvollen Quellen
FSC® C004592

Erschienen bei FISCHER Duden Kinderbuch

Fachberatung: Ulrike Holzwarth-Raether
Layout und Satz: Michelle Vollmer, Mainz
Umschlagkonzept: Frauke Schneider, Wittighausen
Umschlaglayout: Mischa Acker, Brühl

Druck und Bindung:
Firmengruppe APPL, aprinta druck GmbH, Wemding
Printed in Germany
ISBN 978-3-7373-3485-3

GESCHICHTE

DIE ERDE UND IHRE LEBENSRÄUME

NATURWISSENSCHAFTEN

VERKEHR

ICH UND MEINE WELT

FAMILIEN SIND UNTERSCHIEDLICH

Die meisten Kinder leben in einer Familie. Doch jede Familie kann anders sein. Manche Kinder leben mit beiden Eltern in einem Haus oder einer Wohnung. Andere Familien sind kleiner. Dort lebt ein Kind nur mit einer Mutter oder einem Vater zusammen. Das passiert zum Beispiel, wenn sich die Eltern getrennt haben. Oder wenn ein Elternteil gestorben ist. Lernt einer der Eltern einen neuen Partner oder eine neue Partnerin kennen, vergrößert sich die Familie.

Großfamilie

Kleinfamilie

Manche Kinder leben mit 2 Müttern
oder 2 Vätern zusammen.
Man nennt sie Regenbogenfamilien.
Der Regenbogen steht hier als Symbol
für gleichgeschlechtliche Paare.
Manche Verwandte verstehen sich
untereinander nicht so gut.
Sie zählen dann oft die Freunde
zu ihrer Familie dazu.

Wer gehört zu deiner Familie?

LUSTIGE FAMILIENFESTE

Früher lebten die Großeltern
und einige Verwandte mit in der Familie.
Das gibt es heute nicht mehr so oft.
Man trifft sich dann nur noch
auf großen Familienfesten, zum Beispiel
auf einer Hochzeit oder einem Geburtstag.

EIN DACH ÜBER DEM KOPF

Menschen wohnen in den unterschiedlichsten Wohnungen und Häusern zusammen. Studenten, Studentinnen oder Auszubildende ziehen meist in kleinere Wohngemeinschaften, weil dort die Miete nicht so viel kostet. Junge Familien suchen sich größere Wohnungen, damit Kinder möglichst viel Platz haben. In Mehrfamilienhäusern und Hochhäusern gibt es viele Wohnungen. Ein eigenes Haus mit Garten wünschen sich viele Familien mit ihren Kindern.

WOHNEN WELTWEIT

Doch nicht alle Menschen leben
in fest stehenden Häusern.
Die Tuareg oder Menschen
in der Mongolei sind Nomaden
und ziehen umher.
Sie leben in Zelten, die sie überall
dort aufstellen, wo sie gerade leben.
Andere Menschen haben alle ihre Dinge
in einem Wohnwagen.
Manche machen Ferien im Wohnwagen.
Andere leben dauerhaft in ihrem mobilen Heim.
Die Inuit waren früher auch Nomaden.
In Iglus aus Schneeblöcken leben sie
heute nur noch, wenn sie auf die Jagd gehen
oder in ein Unwetter geraten.

TIERE IM HAUS

Viele Kinder hätten gerne ein Haustier.
Besonders beliebt sind Katzen,
Hunde, Wellensittiche, Hamster
und Zwergkaninchen.
Doch bevor man sich ein Haustier zulegt,
muss man überlegen, was es genau braucht.
Hunde benötigen viel Auslauf.
Man muss mehrmals täglich mit ihnen
eine Spazierrunde drehen.
Ein Hund braucht je nach Größe
viel Platz. Katzen sind eigenständiger.
Sie brauchen ein Katzenklo im Haus
und ausreichend Futter.
Sie spielen mit vielen Dingen,
auch mit einer zerknüllten Papierkugel.

Schätz mal!
Wie viele Haustiere
gibt es in Deutschland?

KLEINTIERE IM KÄFIG

Kanarienvögel, Hamster und Fische
leben in speziellen Käfigen und Aquarien.
Manche dieser Tiere schlafen tagsüber
und werden erst in der Nacht aktiv.
Andere brauchen einen Artgenossen,
damit sie nicht einsam sind.
Wenn man zur Miete wohnt,
muss man vorher mit dem Vermieter klären,
ob man Haustiere halten darf.
Ganz unproblematisch sind Spinnen, Fliegen
oder Motten. Die sind automatisch
in jedem Haushalt zu finden.
Du musst sie nicht füttern
und auch nicht mit ihnen
Gassi gehen.

LERNEN

Lernen kann man überall und zu jeder Zeit.
Man lernt vom großen Bruder,
wie man die besten Papierflieger baut.
Oder die Oma zeigt einem,
wie man den alten Rasenmäher repariert.
Damit in der Schule alle Kinder
das Gleiche lernen können,
gibt es einen Lehrplan.
In diesem steht, was die Schülerinnen
und Schüler in den einzelnen Fächern
lernen sollen.

	Montag	Dienstag	Mittwoch	Donnerstag	Freitag
1.	Deutsch	—	—	—	Religion
2.	Deutsch	Sport	—	Sport	Sport
3.	Sachkunde	Mathe	Religion	Deutsch	Mathe
4.	Mathe	Werken	Mathe	Deutsch	Deutsch
5.	Musik	Werken	Deutsch	Mathe	Sachkunde
6.	—	Deutsch	Sachkunde	Kunst	—

Damit das auch problemlos klappt,
sind die Lehrerinnen und Lehrer da.
Sie überlegen sich, wie ihr Unterricht
spannend und interessant wird.

An Projekttagen oder bei bestimmten
Gruppenarbeiten verlässt die Klasse
zum Lernen das Klassenzimmer.
Dann können die Kinder
unterschiedliche Dinge selbst ausprobieren.
Hausaufgaben gehören zur Schule.
Dabei lernen die Kinder, selbstständig
zu arbeiten, und erkennen, was sie in der Schule
noch nicht so richtig verstanden haben.
Manchmal wäre eine Hausaufgabenmaschine
super, oder?

BERUFE

Nach der Schule suchen sich
die meisten Menschen einen Beruf.
Sie überlegen, was ihnen
besonders viel Spaß macht
und was sie gut können.
Einige arbeiten gerne mit ihren Händen
und bauen oder renovieren etwas.
Dann ist ein Beruf wie Schreinerin
oder Schreiner, Koch oder Köchin das Passende.
Andere arbeiten lieber mit dem Kopf.
Sie forschen in Laboren
oder entwerfen neue Produkte.
Manche Menschen möchten gerne
mit anderen Menschen arbeiten.
Dann werden sie zum Beispiel Lehrerinnen
und Lehrer oder Erzieher und Erzieherinnen.

Neben dem Spaß am Beruf
ist auch das Geldverdienen wichtig.
Denn wer arbeitet,
bekommt jeden Monat Lohn oder Gehalt.
Damit kann man die Miete
und das Essen bezahlen.
Die meisten Berufe können von Männern
und Frauen ausgeübt werden.
Viele Menschen arbeiten tagsüber.
Es gibt aber auch Berufe,
in denen nachts gearbeitet wird:
in der Bäckerei, bei der Polizei,
im Krankenhaus oder an der Tankstelle.

Welches ist dein Traumberuf?

SPORT

Vielen Menschen
macht Sport Spaß:
Egal ob auf dem Sportplatz, alleine beim
Joggen oder beim Zuschauen auf dem Sofa.
Es gibt unendlich viele Sportarten,
die man ausprobieren kann.
Fußball, Schwimmen, Turnen und Radfahren
zählen zu den beliebtesten
Freizeitbeschäftigungen.
Beim Sport lernt man auch zu verlieren.

Viele Sportlerinnen und Sportler
haben bereits als Kinder
mit dem Training begonnen.
Mit viel Fleiß und Talent wurden sie so gut,
dass sie an Weltmeisterschaften
oder den Olympischen Spielen
teilnehmen konnten.

Was ist unsportliches Verhalten?

Es gibt immer wieder neue Sportarten.
In den letzten Jahren sind sogenannte Extremsportarten sehr beliebt geworden.
Manche Menschen wollen probieren, wie mutig sie sind.

EINKAUFEN

Lebensmittel und Essen konnte man lange Zeit nur in bestimmten Geschäften einkaufen: im Supermarkt, auf dem Wochenmarkt, beim Metzger oder beim Bäcker. Jetzt kann man zum Beispiel auch an der Tankstelle oder an einem Automaten Lebensmittel kaufen. Fertig zubereitetes Essen bekommst du auch an einer Imbissbude. Oder ein Lieferservice bringt es dir nach Hause.

Durch das Internet gibt es inzwischen noch mehr Einkaufsmöglichkeiten. Kleidung, Bücher oder Artikel aus dem Baumarkt gibt es auf vielen Internetplattformen zu kaufen oder in einem Katalog.

Am Ende des Sommers
oder am Ende des Winters
wollen viele Bekleidungsgeschäfte
ihre Lager für die neue Ware leeren.
Dann veranstalten die Geschäfte
einen Sommer- oder Winterschlussverkauf.
Man erhält Hosen, Jacken und Schuhe
zu günstigeren Preisen.
Viele Menschen freuen sich
über die Schnäppchen
und gehen in den Geschäften
auf die Jagd.

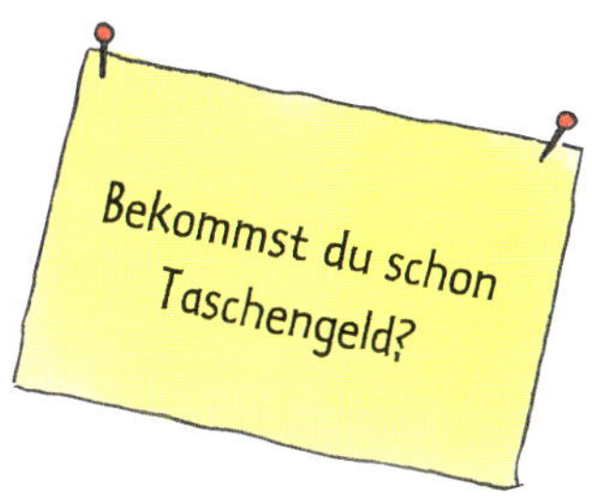

KOMMUNIZIEREN OHNE SPRACHE

Wenn du jemand anderem etwas mitteilen möchtest, kannst du mit ihm oder ihr sprechen. Das funktioniert nur, wenn ihr dieselbe Sprache sprecht. Aber auch mit deinem Gesichtsausdruck und Gesten kannst du dich ausdrücken.

Mit Schriftzeichen und sogar mit Trommel- und Rauchzeichen konnten sich Menschen von jeher miteinander verständigen. Dafür ist es nötig, dass Sender und Empfänger die Zeichen kennen. Das Gleiche gilt für viele andere Zeichen: für Verkehrszeichen, für die Blindenschrift oder für die Gebärdensprache.

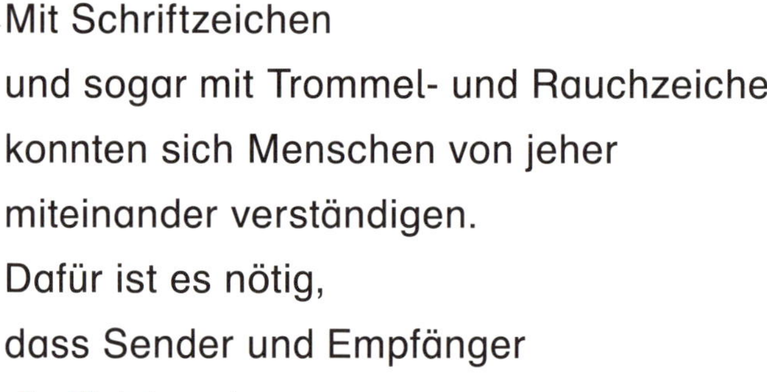

DER KÖRPER

MEIN KÖRPER

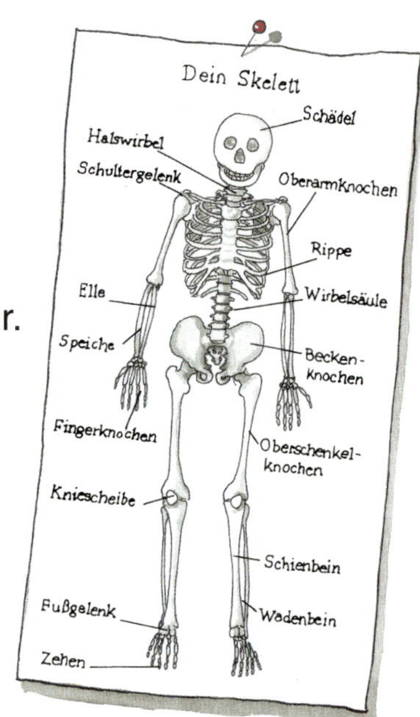

Die Körper aller Menschen
sind gleich aufgebaut.
Das Skelett stützt unseren Körper.
Gleichzeitig schützt es die
wichtigen Organe, wie Herz
und Lunge, vor Verletzungen.
Muskeln und Sehnen sorgen
dafür, dass du deine Arme
und Beine bewegen kannst.
Der größte Knochen im Körper
ist der Oberschenkelknochen.
Der kleinste Knochen liegt im Innenohr.
Er heißt Steigbügel.
In deinem Körper arbeitet
vieles zusammen.
Meistens merkst du davon
gar nichts.
Dein Herz pumpt zum
Beispiel Tag und Nacht Blut
durch deinen Körper.

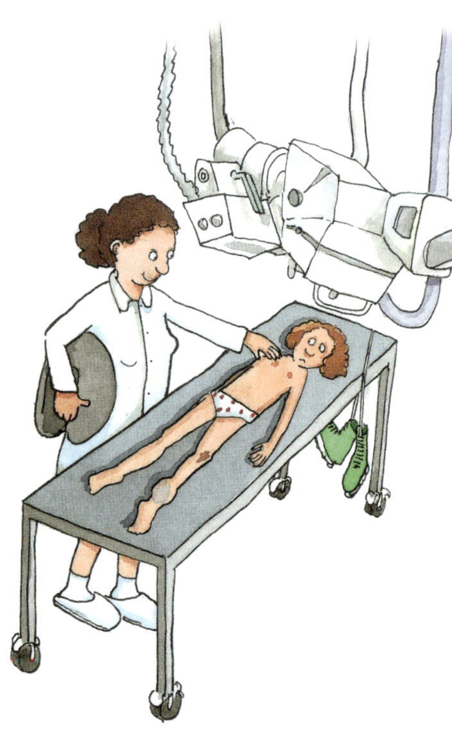

Das Blut ist ein wahres
Transportunternehmen.
Es bringt Nährstoffe
zu den Organen.
Außerdem sorgt es dafür,
dass der lebenswichtige Sauerstoff
aus der Lunge in den Körper gelangt.
Gleichzeitig transportiert es
die verbrauchte Luft aus dem Körper heraus.

Wie viel Liter Blut
hat ein Erwachsener?

Menschen haben unterschiedliche
Haut-, Augen- und Haarfarben.
Meist erben Kinder
viele Merkmale ihrer Eltern.
Die Nase von Papa
oder die Ohren von Mama.
Doch wusstest du, dass jeder Mensch
einen ganz einzigartigen Fingerabdruck hat?
Selbst die von Zwillingen ähneln sich,
sind aber nicht gleich.

Ab wann kann man das Herz eines Babys schlagen hören?

EIN BABY ENTSTEHT

Wenn ein Mann und eine Frau
miteinander schlafen,
kann die Frau schwanger werden.
Dann wächst in ihrem Bauch ein Baby.
Bis das Baby auf die Welt kommt,
dauert es 9 Monate oder 40 Wochen.

In dieser Zeit wächst das Kind
und wird größer.
Ganz am Anfang ist es winzig.
Mit bloßem Auge kann man es
noch nicht erkennen.
Nach 5 Wochen ist es
etwa so groß wie eine Erbse.
Nach 8 Wochen ist es so groß
wie eine Pflaume.
In der 12. Woche hat das Baby
die Größe eines Apfels.
Nach ungefähr 18 Wochen
kann die Mutter ihr Baby
im Bauch spüren.

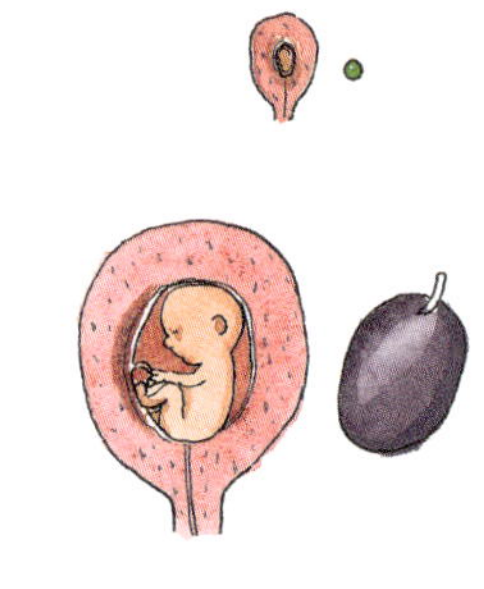

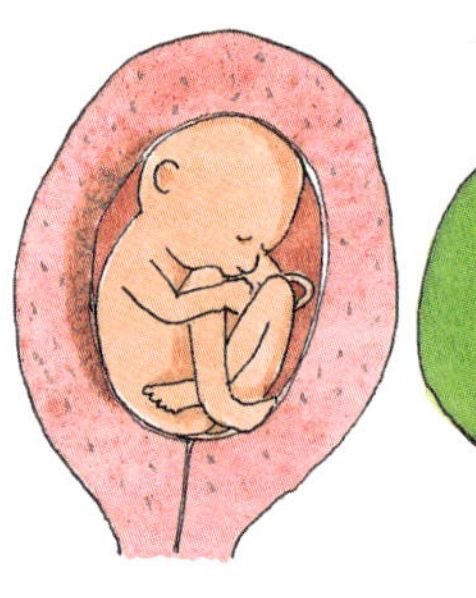

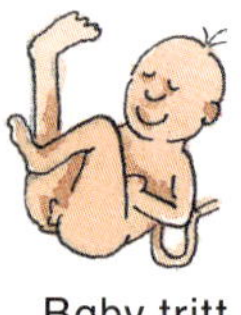

Baby tritt

Baby hat Schluckauf

Baby dreht sich

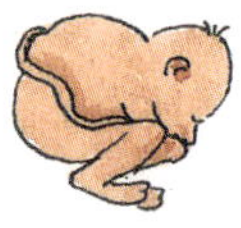

Baby schläft

Während der Schwangerschaft
geht die Frau regelmäßig
zu einer Frauenärztin oder
zu einem Frauenarzt.
Manchmal nimmt sie auch
ihren Partner mit.
In der Arztpraxis wird kontrolliert,
ob mit dem Baby alles in Ordnung ist.
Ein Ultraschallgerät kann sogar
ein Foto von dem Baby
im Bauch machen.

Nach 9 Monaten hat das Baby
keinen Platz mehr.
Dann setzen die Wehen ein.
Das sind Krämpfe, die bei der Geburt helfen.
Sie tun sehr weh.
Aber der Schmerz ist sofort vergessen,
wenn die Mama ihr Baby im Arm hält.

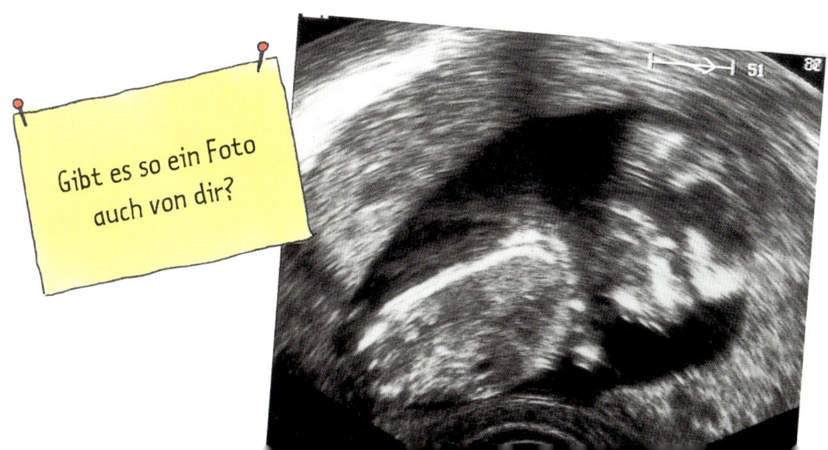

DIE ABWEHRKRAFT DES KÖRPERS

Unser Blut transportiert
nicht nur wichtige Nährstoffe.
Es enthält auch
verschiedene Blutkörperchen.
Diese können Krankheitserreger erkennen
und bekämpfen.
Manchmal reicht die eigene Körperabwehr
aber nicht aus. Dann wird man krank.
Mit Impfungen wird die Abwehrkraft
des Körpers trainiert.
Bei manchen Krankheiten
brauchst du Medikamente,
um wieder gesund zu werden.
Bei einer Hautabschürfung
reicht ein Pflaster.
Das Blut der Wunde
verkrustet und darunter
bildet sich neue Haut.

Die Abwehrkraft des Körpers nennt man das Immunsystem.

VERLETZUNGEN

Bei einem Fahrradunfall kann es passieren,
dass du dir einen Knochen brichst.
Zuerst wird im Krankenhaus
ein Röntgenbild gemacht.
Darauf sieht man,
wo und wie der Knochen gebrochen ist.
Ist der Bruch nicht zu kompliziert,
bekommst du eine Schiene.
So können die Knochen wieder
zusammenwachsen.
Bei schweren Brüchen
oder anderen Krankheiten
muss man im Krankenhaus operiert werden.
Hier arbeiten viele Ärzte und Ärztinnen,
Krankenschwestern und Pfleger.
Sie sorgen dafür, dass es den Kranken
schnell wieder besser geht.

NÄHRSTOFFE SIND WICHTIG

Wir brauchen Energie, damit wir denken, sprechen und uns bewegen können. Diese Energie nehmen wir mit der Nahrung auf. Essen und trinken wir zu wenig, hat unser Körper Hunger und Durst. Obst und Gemüse haben mehr Nährstoffe als Schokolade oder Wurst. Daher ist es wichtig, genug Obst und Gemüse zu essen. Wenn du dich gesund ernährst, ausreichend schläfst und dich viel bewegst, ist dein Körper gegen viele Krankheiten gut geschützt.

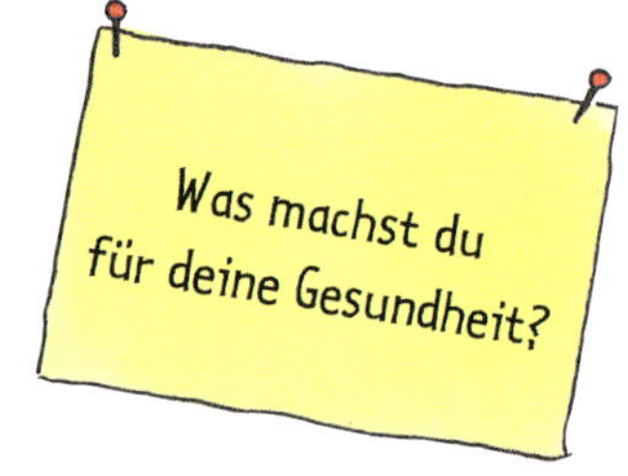

GESCHICHTE

SPUREN DER VERGANGENHEIT

Archäologen und Archäologinnen
suchen auf der ganzen Welt
nach Spuren vergangener Zeiten.
Bei ihren Grabungen stoßen sie auf Münzen,
Schmuck oder auch auf Werkzeuge.
Manchmal finden sie im Eis oder im Meer
auch gut erhaltene Menschen oder Tiere.

Dabei gehen sie wie Detektive
und Detektivinnen vor.
Sie setzen Scherben zusammen,
tragen Schicht für Schicht ab
und werten ihre Funde aus.
Viele der Fundstücke kannst du
in einem Museum anschauen.

BEKANNTE AUSGRABUNGEN

Ötzi ist eine sehr bekannte Ausgrabung
eines Menschens.
Er wurde 1991 zufällig in einem Gletscher
der Ötztaler Alpen gefunden.
Er lebte vor über 5000 Jahren
in der Steinzeit.
Ötzis Kleidung, seine Ausrüstung
und sein Essen wurden erforscht.
Dadurch haben wir
neue Informationen darüber erhalten,
wie die Menschen
in der Steinzeit lebten.

ALTE BAUWERKE

Auch Bauwerke sind
für die Forschung interessant.
Manche geben aber
immer noch Rätsel auf,
zum Beispiel die Pyramiden von Gizeh.
Sie gehören zu den ältesten Bauwerken,
die es auf der Welt gibt, und zählen
zu den sieben Weltwundern.
Die ägyptischen Grabstätten der Pharaonen
sind fast 150 Meter hoch und bestehen
aus tonnenschweren Steinquadern.
Doch bis heute weiß niemand sicher,
wie die Arbeiter die Steine
übereinandergestapelt haben.
Es gab schließlich noch keine Bagger
oder andere Maschinen.

Im Inneren der Pyramide führen Gänge zu einer Schatzkammer.
Darin befanden sich Goldschmuck, Münzen, Essen und sogar ein kleines Boot.
Diese Gaben sollten dem Pharao im Jenseits ein angenehmes Leben ermöglichen.

Ein bedeutendes Bauwerk ist auch die Chinesische Mauer.
Sie ist die längste Mauer der Welt, über 21.000 Kilometer lang und führt quer durchs Land.
Mehrere Herrscher bauten an der Mauer.
Sie sollte die Bevölkerung vor Überfällen schützen.
Unzählige Menschen haben sie mit einfachen Werkzeugen errichtet.

EINE RITTERBURG

Was ist eine Pechnase?

Im Mittelalter lebten Adlige und Ritter auf einer Ritterburg. Sie schützte alle ihre Bewohner vor Feinden. Burgen wurden deshalb oft auf Hügeln und Bergen gebaut. Von dort aus konnte man Angreifer schon von Weitem erblicken.

Betreten konnte man eine Burg durch ein großes Tor. Das Tor lag in der Außenwand der dicken Burgmauern. Die schwere Zugbrücke wurde abends und bei nahender Gefahr hochgezogen.

Im Inneren der Mauern wohnten und arbeiteten viele Handwerker mit ihren Familien.
Der Burgherr selbst lebte im Palas.
Dieser befand sich hinter den zweiten inneren Mauern.
Dort gab es außerdem eine eigene Kapelle und den Bergfried.
Das war der höchste Turm von allen.

Um die hohen Mauern und den Burggraben zu überwinden, mussten die Angreifer sehr erfinderisch sein.

DAS LEBEN AUF EINER BURG

Auf einer Burg fanden oft
Feste und Feiern statt.
Dazu waren Sänger, Dichter
und Tänzer geladen.
Gemeinsam wurde musiziert,
getanzt und gegessen.

Auch damals gab es schon
Regeln beim Essen.
Man durfte nicht schmatzen,
nicht auf den Tisch spucken
und nicht in die Tischdecke schnäuzen.
Jedoch war es erlaubt,
Knochen auf den Boden zu werfen.
Und die Hände durfte man
an der Tischdecke abwischen.

Was waren
die Aufgaben der
Mädchen?

FRÜH ÜBT SICH

Ein Ritter musste sehr gut
mit dem Schwert und anderen Waffen
umgehen können.
Um all das zu lernen,
wurde ein Junge
mit 7 Jahren zum Pagen.
Zu seinen Aufgaben gehörten
reiten, kämpfen
und in der Küche helfen.

Ursprünglich hieß die Zeremonie des Ritterschlags „Schwertleite".

Mit 14 Jahren diente er
einem Burgherrn als Knappe.
Er begleitete ihn
bei Turnieren oder im Krieg.
Mit 21 Jahren konnte der Knappe
dann selbst zum Ritter
geschlagen werden.

DER HANDEL FRÜHER

Vor ein paar Hundert Jahren
gab es keine Geschäfte,
in denen man Lebensmittel
kaufen konnte.
Viele Menschen pflanzten
selbst Obst und Gemüse an.
Im frühen Mittelalter
wurden Waren auf Märkten
miteinander getauscht, ohne
dass dafür Geld bezahlt wurde.
Der Bauer tauschte zum
Beispiel geerntetes Getreide
gegen ein Schwein.
Auch Grundstücke
wurden gegenseitig ausgetauscht.
Beide Parteien waren
mit dem Tauschhandel zufrieden
und die Menschen waren gut versorgt.

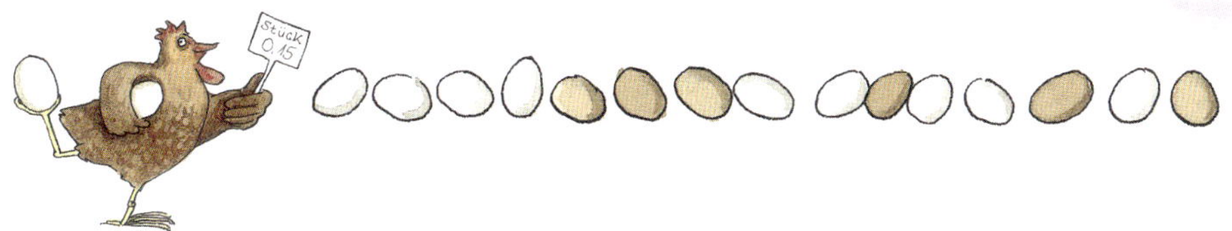

Doch auch damals gab es schon Betrüger und Betrügerinnen. Zum Beispiel boten sie ein altes, zähes Huhn für ein junges an. Somit konnten sie einen besseren Tauschpreis erzielen.

Mit der Zeit wurden Waren und Gegenstände mit einem bestimmten Wert versehen. Diese konnte man dann mit entsprechenden Münzen vom Eigentümer oder von der Eigentümerin kaufen.

VOM BRIEF ZUR SMS

Früher dauerte es
meist mehrere Wochen,
Nachrichten zu verschicken.
So erfuhr man von wichtigen Ereignissen
erst einige Zeit später.
Briefe wurden lange Zeit von reitenden Boten
oder auch zu Fuß transportiert.
Stieß dem Boten etwas zu,
war der Brief meist verschwunden.
Später übernahmen Postkutschen
und Schiffe den Transport.
Das war deutlich schneller und sicherer.

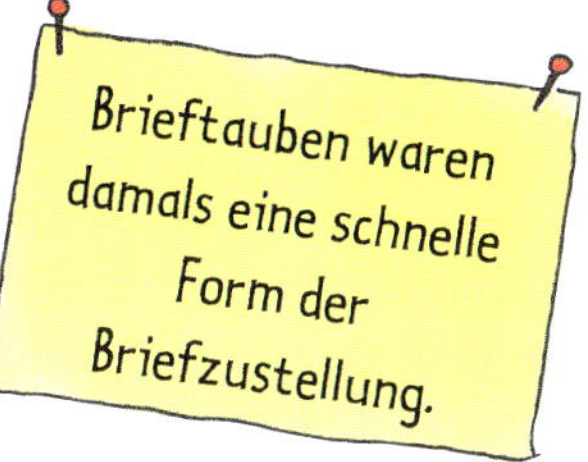

Heute gibt es fast in jedem Ort
einen Briefkasten.
Meist ist die Post schon nach ein bis zwei
Tagen im Briefkasten der Zieladresse.

Viel schneller kann eine Nachricht
über das Telefon oder das Internet
verbreitet werden.
Durch einen Knopfdruck
wird die E-Mail verschickt.
Sekunden später ist sie bereits
im Posteingang des Empfängers
oder der Empfängerin.
Genauso schnell kann man über das Handy
oder Smartphone eine SMS
oder Kurznachricht verschicken.
Da das so einfach und schnell geht,
ersetzen SMS und E-Mails immer öfter
Briefe und Postkarten.

DER STADTPLAN

In einer neuen Stadt findet man sich am besten mit einem Stadtplan zurecht. Viele nutzen dafür auch die Navigation auf dem Handy. Im Zentrum vieler Städte liegen meist eine Kirche, ein Marktplatz und auch eine Fußgängerzone. Größere Städte waren früher immer von einer Stadtmauer umgeben. Im Laufe der Zeit wuchsen die Städte. Die Straßen wurden besser, es gab neue Geschäfte und Wohnhäuser, Kinos, Schwimmbäder und andere Freizeiteinrichtungen. Diese liegen meist etwas außerhalb des Zentrums.

DIE ERDE UND IHRE LEBENSRÄUME

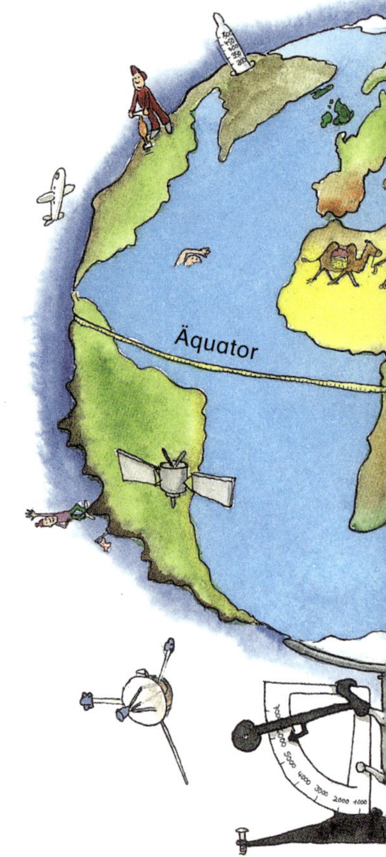

DIE ERDE

Wir leben auf der Erde.
Die Erde ist ein Planet.
Man nennt sie auch
Blauer Planet,
da über 70 Prozent
der Oberfläche von
Wasser bedeckt sind.

Neben der Erde gibt es
in unserem Sonnensystem
noch sieben weitere Planeten:
Merkur, Venus, Mars, Jupiter,
Saturn, Uranus und Neptun.
Alle Planeten sehen unterschiedlich aus.
Nur die Erde ist
von einer Lufthülle umgeben,
die man Atmosphäre nennt.
Dadurch können wir atmen
und auf der Erde leben.

Die Erde wiegt
rund 6 Trilliarden
Tonnen.

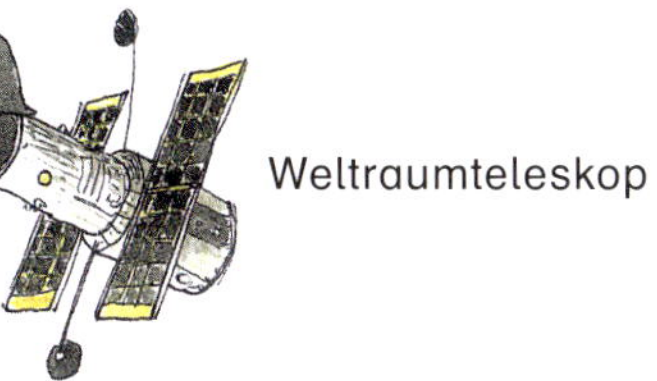
Weltraumteleskop

Die Erde und die
7 anderen Planeten
kreisen um die Sonne.
Dadurch bekommen
wir auf der Erde Licht.
Die Erde dreht sich außerdem
einmal am Tag um sich selbst.
Auf der Seite, die von der Sonne
angestrahlt wird, ist Tag.
Auf der anderen Seite ist Nacht.

Südhalbkugel

DER ÄQUATOR

Auf welcher Hälfte leben wir?

Rund um die Erde
führt eine gedachte Linie.
Das ist der Äquator.
Er teilt die Erde in zwei Hälften
und ist ungefähr 40.000 Kilometer lang.
Am oberen und unteren Ende der Erde
liegen die Polargebiete.

VERSCHIEDENE LEBENSRÄUME

Die Erde liegt ein wenig geneigt im Weltall.
Ihre Oberfläche wird daher unterschiedlich stark von der Sonne angestrahlt.
Rund um den Äquator treffen die Sonnenstrahlen senkrecht auf die Erde.
Daher ist es dort sehr heiß.
An den Polen fallen die Sonnenstrahlen eher flach ein.
Sie werden von dem weißen Eis reflektiert.
Dort ist es sehr kalt.

Welches ist der gößte und welches der kleinste Kontinent?

Die Landfläche zwischen den Meeren ist in 7 Kontinente aufgeteilt:
Asien, Afrika, Europa, Nordamerika, Südamerika, Australien und die Antarktis.

Jeder Kontinent hat ganz besondere Tiere und Pflanzen. Sie wachsen und leben in der Natur nur dort. Nur in Australien gibt es zum Beispiel Beuteltiere wie Koalas oder Kängurus. Pandabären leben in freier Wildbahn nur noch in bestimmten Regionen Asiens.

Obwohl die Kontinente sehr unterschiedlich sind, findet man auf ihnen ähnliche Formen der Landschaft: Gebirge, Wälder, Seen, Flüsse sowie Wüsten. In diesen Landschaften leben bestimmte Tiere und Pflanzen. Sie haben sich an das Klima und die Lebensumstände gut angepasst. Tiere finden dort jeweils ausreichend Nahrung und können sich vor Feinden schützen.

DER WALD

Bei Bäumen unterscheidet man
Laubbäume und Nadelbäume.
Nadelbäume, wie Kiefern,
Fichten und Tannen,
tragen grüne Nadeln an ihren Ästen.
Eiche, Buche, Ahorn oder Birke
sind Laubbäume.

Etwa ein Drittel der Fläche
von Deutschland
ist von Wald bedeckt.
Hitze, Stürme und Schädlinge
bedrohen die Wälder
und zerstören sie großflächig.

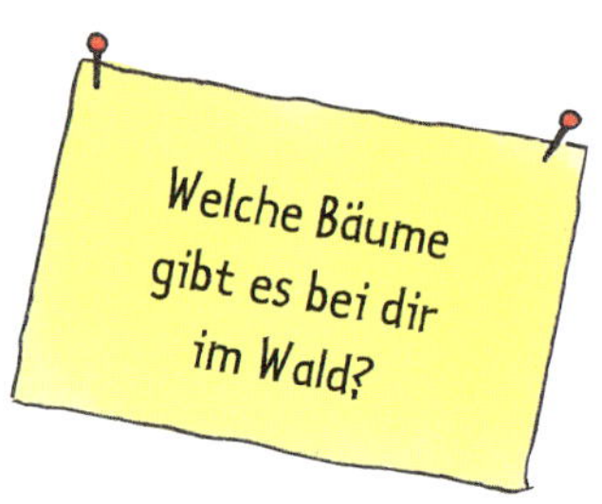

VIELE BEWOHNER

In einem Wald leben sehr viele Tiere.
Die meisten sind sehr scheu.
Oft verstecken sie sich,
wenn ein Mensch durch den Wald läuft.
Zu den größten Waldbewohnern
zählen die Rehe.
Das Geweih der männlichen
Rehe, der Rehböcke,
ist nur klein im Vergleich
zu den großen Geweihen
der Hirsche.

Von einer Wildschweinherde findest
du vielleicht Spuren am Boden
oder an den Bäumen.
Tiere wie der Fuchs und der Dachs
leben in einem unterirdischen Bau.
Sie lassen sich tagsüber kaum sehen
und kommen erst in der Dämmerung heraus.
Man nennt sie daher auch nachtaktiv.

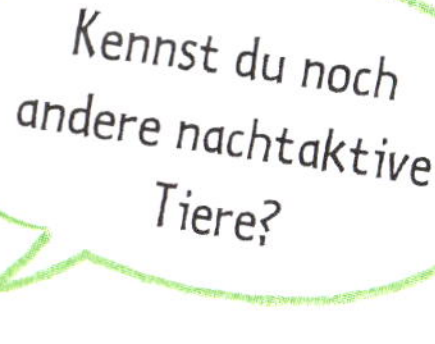

Warum ist der Wald so wichtig für uns?

GRÜNE BEWOHNER

Grüne Pflanzen wachsen fast auf allen Kontinenten der Erde und auch im Wasser. Sie brauchen Licht zum Wachsen. Daher findet man zum Beispiel in der dunklen Tiefsee kaum noch grüne Pflanzen.

EIN EWIGER KREISLAUF

Im Laufe des Jahres verändern die meisten Laubbäume, Sträucher und Blütenpflanzen ihr Aussehen. Wenn es im Frühjahr wärmer wird, bilden sie Knospen, Blüten und Blätter aus. Im Sommer spenden die großen Blätter Schatten.

Weißt du, warum sich die Blätter verfärben?

Im Herbst reifen die Früchte an den Pflanzen
und die Blätter verfärben sich.
Kurz darauf fallen die Blätter ab.
Das Laub auf dem Boden
bleibt jedoch nicht einfach liegen.
Die Menge an Blättern würde sonst
in wenigen Jahren
auf mehrere Meter anwachsen.

Viele Lebewesen helfen zusammen,
die Blätter zu zersetzen.
Zuerst weichen Bakterien
und Pilze die Blätter auf.
Dann beginnen verschiedene Tiere,
die Blätter zu fressen.
Dort findet man Milben,
Springschwänze, Fadenwürmer
und auch Nacktschnecken.
Zusammen sind sie
eine große Fressgemeinschaft.
Dabei entsteht Humus,
der den Boden düngt.

Es gibt eine Speise,
die wie „Humus“ klingt.
Schon probiert?

AN BACH, TEICH UND FLUSS

Gewässer bieten nicht nur
vielen Fischen ein Zuhause.
Im Schilf oder zwischen anderen Uferpflanzen
finden Wasservögel, Schlangen
oder Frösche Schutz und Deckung.
An den eher flachen Uferbereichen
kannst du im Sommer
Kaulquappen oder Libellenlarven entdecken.
Kaulquappen schlüpfen aus Froschlaich.
Sie schwimmen im Wasser umher
und atmen durch ihre Kiemen.
Nach ungefähr 2 Monaten
bekommen die Kaulquappen
Beine und ihre Lungen
entwickeln sich.
Der Schwanz beginnt nach und nach
zu schrumpfen.
An Land klettern sie dann
als junge Frösche.

Warum kann der Wasserläufer auf dem Wasser laufen?

Kröte

Frosch

GENAU BEOBACHTEN

Wenn du genau hinsiehst,
kannst du vielleicht
eine Ringelnatter beobachten.
Das ist eine harmlose Schlange,
die sehr gut schwimmen kann.
Auf dem Wasser kannst du Enten
oder Haubentaucher auf der Jagd
nach Futter beobachten.
Möchtest du kleine Insekten
oder Fische unter Wasser sehen,
bastle dir einfach eine Unterwasserlupe.

VIEL, VIEL WASSER

Warst du schon mal
im Urlaub am Meer
und bist am Strand
spazieren gegangen?
Dort kann man
Muscheln sammeln,
Quallen aus dem Weg gehen
oder Krebsen beim Krabbeln zusehen.
Doch unter der Meeresoberfläche
liegt eine für uns meist unbekannte Welt.

Forscher teilen das Meer in 3 Zonen ein:
die Sonnenlichtzone, die Dämmerungszone
und die Tiefseezone.
In der Sonnenlichtzone leben viele Tiere.
Und nur hier gibt es genügend Licht,
damit Pflanzen wachsen können,
wie zum Beispiel Algen.

Ab etwa 200 Meter Tiefe
beginnt die Dämmerungszone.
Hier sieht alles etwas bläulich aus.
Es dringen nur noch die blauen Strahlen
des Sonnenlichts bis hierhin durch.
Ab etwa 1000 Meter Tiefe
beginnt die Tiefsee.
Dort gibt es kein Sonnenlicht
und auch keine grünen Pflanzen mehr.
Hier leben viele Raubfische.
Sie locken ihre Beute
durch kleine Leuchtorgane an.
Viele Tiere, die hier leben,
haben große Augen.
Mit ihnen können sie sich orientieren.
Außerdem müssen die Bewohner der Tiefsee
die kalten Temperaturen des Wassers
tief unten gut aushalten können.

HOCH IN DEN BERGEN

Bei einer Wanderung in den Bergen
kannst du mit etwas Glück
Schneehasen oder Murmeltiere beobachten.
Sie sind an die steinige Umgebung
und das Wetter gut angepasst.
Je höher man auf die Berge hinaufsteigt,
desto kälter wird es und die Luft wird dünner.
Bergsteiger, die auf die höchsten Berge der Welt
klettern, brauchen daher ein Sauerstoffgerät.

Ab einer Höhe von etwa 2000 Metern
leben nur noch wenige Tiere in den Bergen.
Auch die Baumgrenze beginnt
ungefähr auf dieser Höhe.
Das bedeutet, dass oberhalb dieser
Höhe keine Bäume mehr wachsen.

Was ist dünne,
was ist dicke Luft?

An manchen Stellen im Gebirge
sprudelt Wasser an die Oberfläche.
Das Wasser dieser Quellen
kommt tief aus der Erde.
Es ist daher eiskalt und glasklar.
Nicht nur Tiere trinken das Wasser,
sondern auch Wanderer
füllen ihre Flaschen damit.

Wenn man im Gebirge unterwegs ist,
muss man gutes Schuhwerk tragen.
Auch das Wetter sollte man
immer im Auge behalten.
Schnell kann ein Gewitter
aufziehen oder
eine Schneelawine
abgehen.

HEIß UND VIEL SAND

Wüsten findet man auf allen Kontinenten.
Neben den typischen Sandwüsten
gibt es Eiswüsten, Salz- oder Geröllwüsten.
In Sandwüsten wachsen nur wenige Pflanzen.
Die Tiere dort kommen mit der Hitze
und dem Wassermangel sehr gut zurecht.
Kamele speichern in ihren Höckern Fett.
Das hilft ihnen, lange Zeiten
ohne Futter und Wasser zu überstehen.
Gleichzeitig haben sie breite Füße.
Damit können sie im Sand der Wüste
nicht einsinken.
Ihre langen Wimpern sorgen dafür,
dass kein Sand in die Augen kommt.
Zusätzlich können sie auch
ihre Nasenlöcher verschließen.

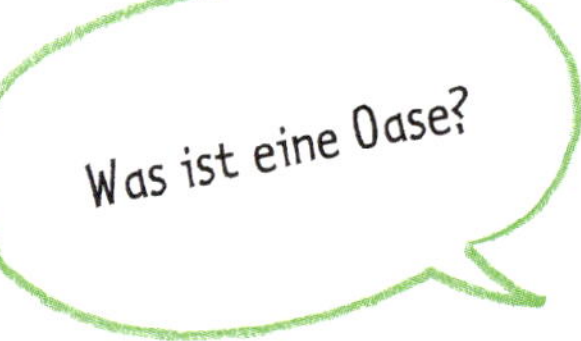

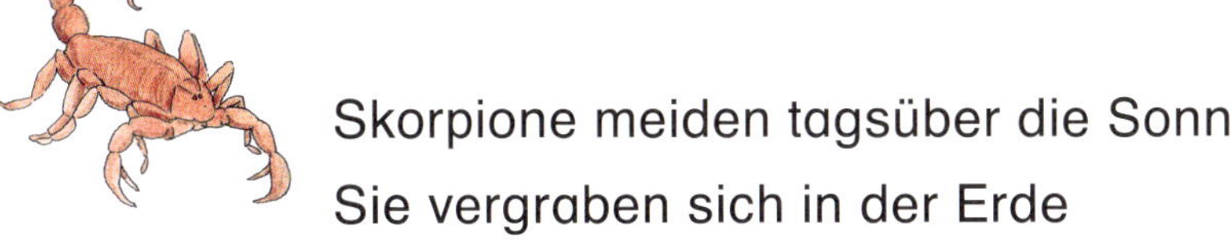

Skorpione meiden tagsüber die Sonne.
Sie vergraben sich in der Erde
oder unter einem Stein.
Erst in der Dämmerung gehen sie
auf Nahrungssuche.
Die Temperaturen einer Sandwüste
können sehr extrem sein.
Tagsüber kann es bis zu 50 Grad Celsius
heiß werden, nachts kann es gefrieren.
Einige der Tiere nutzen den Morgentau
als Trinkwasser.
Auch die wenigen Pflanzen
müssen sich vor dem Austrocknen schützen.
Kakteen können in ihrem Inneren
Wasser speichern.
Eine dicke Wachsschicht schützt sie
vor dem Austrocknen
und die Dornen wehren Fressfeinde ab.

GANZ SCHÖN EISIG

An den äußersten Enden der Erdkugel liegen die beiden Pole: Der Nordpol besteht aus einer riesigen Eisplatte. Sie schwimmt im Nordpolarmeer. Dort leben die Eisbären. Sie jagen auf dem Eis nach Robben. Ihre dicke Fettschicht schützt sie vor der Kälte.

Unter dem dicken Eis des Südpols liegt Land: die Antarktis. Dort leben keine Menschen dauerhaft, aber viele Pinguine. Für Forscher und Forscherinnen sind die Pole interessant. Sie können dort den Klimawandel deutlich erkennen. Das Eis beginnt zu schmelzen.

NATURWISSENSCHAFTEN

FEUER UND WÄRME

Feuer und Wärme
sind für unser Leben wichtig.
Ohne die Wärme der Sonne
könnten wir auf der Erde nicht leben.
Es wäre viel zu kalt.
Die Sonne ist ein Stern.
Sie besteht aus brennendem Gas.
Auf ihrer Oberfläche ist es
6000 Grad Celsius heiß.

Schon in der Steinzeit
gelang es den Menschen,
das Feuer für ihre Zwecke zu nutzen.
Sie lernten, es zu entzünden,
wann immer sie es brauchten.
Dadurch konnten sie Pflanzen kochen,
Tiere braten und Metalle einschmelzen.

Wie haben die Menschen in der Steinzeit Feuer gemacht?

ABER AUFGEPASST!

Beim Umgang mit Feuer
muss man vorsichtig sein.
Schnell kann ein Feuer
außer Kontrolle geraten.
Es kann in kurzer Zeit
ganze Häuser in Brand setzen
oder einen Waldbrand auslösen.

Für Notfälle gibt es weltweit die Feuerwehr.
Ihr Motto lautet:
Retten – Löschen – Bergen – Schützen.
Jeder Handgriff wird trainiert,
um im Ernstfall schnell
helfen zu können.
Manchmal ist sie auch zur Stelle,
wenn ein Tier in Not geraten ist.

LICHT FÜR ZU HAUSE

In der Steinzeit begann der Mensch,
das Lagerfeuer auch als Lichtquelle zu nutzen.
Die Menschen damals
lebten nicht in Häusern.
Sie suchten in Höhleneingängen
oder unter Felsüberhängen Schutz.
Die ersten Öllampen gab es
vor über 5000 Jahren in Ägypten.
Sie waren klein und handlich
und konnten überall hingetragen werden,
selbst in das Innere von Hütten
oder Pyramiden.
Über 4800 Jahre später gab es
die ersten Gaslampen.
In diesen befand sich Gas,
welches entzündet wurde
und dadurch Licht gab.

Kienspan
(Steinzeit)

Öllampe
(3000 v. Chr.)

Gaslampe
(1800)

Die ersten Streichhölzer machten es möglich,
schnell ein Feuer zu entzünden.
Nachdem die Elektrizität
vor etwa 150 Jahren entdeckt wurde,
ging die Verbreitung der Glühbirne
in der ganzen Welt rasend schnell.
Die ersten Glühbirnen brannten länger
als jede Lampe vorher.
Und noch immer geht die Entwicklung weiter.
Die modernen LED- und Energiesparlampen
benötigen bis zu 90 Prozent weniger Energie
als die herkömmliche Glühbirne.
So haben wir Licht, können Strom
sparen und gleichzeitig etwas
für die Umwelt tun.

WASSER

Wasser ist überlebenswichtig für Tiere, Pflanzen und Menschen.
Ohne Wasser gäbe es kein Leben auf der Erde.
Der Mensch kann eine ganze Weile ohne etwas zu essen auskommen.
Ohne etwas zu trinken, hält er es nicht lange aus.

Wir verwenden es aber auch, um uns und unsere Kleidung damit zu waschen und beim Kochen.
Sogar Strom wird mithilfe von Wasser erzeugt.
In Wasserkraftwerken fließt das Wasser um die Turbine und versetzt sie in Bewegung.
Dadurch wird ein Generator angetrieben, der elektrische Energie erzeugt.
Über Hochspannungsleitungen wird der Strom dann zu uns nach Hause geleitet.

WASSER KANN SICH VERÄNDERN

Wasser kommt in 3 Zuständen vor: als Dampf, flüssig und fest. Wenn Wasser warm wird, dehnt es sich aus. Das macht es auch, wenn es gefriert. Das gefrorene Eis ist dann etwas leichter als das Wasser.

Daher können Eisberge im Wasser schwimmen. Das gefrierende Wasser hat eine enorme Kraft. Es kann Glasflaschen zum Platzen bringen, die man im Gefrierschrank vergessen hat. Fließt Wasser in Gesteinsritzen und gefriert dort, können aufgrund der Kraft Stücke vom Stein abplatzen. So entstehen auch die Schlaglöcher in Straßen.

DER WASSERKREISLAUF

Wenn die Sonne scheint,
verdunstet Wasser aus
Flüssen, Seen und Meeren.
Das Wasser steigt dann
als Wasserdampf auf.
Oben am Himmel kühlt der Wasserdampf ab
und es bilden sich Wolken.
Werden die Wolken zu schwer,
fällt Niederschlag in Form von Regen,
Hagel oder Schnee herab.
Ein Teil des Niederschlags versickert
im Boden und wird zu Grundwasser.
In Wasserwerken wird das Grundwasser
gereinigt, das heißt aufbereitet.
So wird es dann direkt zu dir
nach Hause geleitet.

Schätz mal!
Wie viel Wasser verbraucht
jeder von uns
an einem Tag?

NICHTS VERSCHWENDEN

Wir brauchen jeden Tag eine Menge Wasser.
Das meiste davon verbrauchen wir
beim Duschen oder Baden, bei der
Klospülung und beim Wäschewaschen.

Nur das wenigste davon trinken wir.
Das Schmutzwasser, auch Abwasser genannt,
wird über Rohre in die Kanalisation geleitet.
Damit wir mit dem Abwasser keine Bäche,
Flüsse oder das Grundwasser verschmutzen,
wird es zuerst zu einer Kläranlage geleitet.
Dort wird das Abwasser in mehreren
Reinigungsstufen und Becken gereinigt.
Erst dann kann es in Flüsse, Seen
und in das Meer geleitet werden.
So kommt es dann sauber zurück
in den Wasserkreislauf.

LUFT IST ÜBERALL

Luft ist unsichtbar.
Sie ist überall um dich herum,
auch wenn du sie nicht sehen kannst.

Wir brauchen sie zum Atmen
und nutzen sie beim Fliegen
mit dem Flugzeug oder beim Segeln.
Geräusche und Musik können wir nur hören,
weil die Luft die Töne als Schall weiterträgt.
Auch Gerüche werden durch die Luft
transportiert.
Luft kann außerdem Gegenstände
tragen und bremsen.
Blütensamen, wie die Löwenzahnschirmchen,
werden durch die Luft getragen.
Die Luft bremst einen Fallschirm
und Bälle könnten ohne Luft nicht springen.

Bewegt sich die Luft,
wird sie Wind genannt.
Je schneller dieser weht,
desto gefährlicher kann er werden.
Ein Orkan kann Dächer abdecken
und sogar Autos in die Luft wirbeln.

LUFT DRÜCKT

Vor über 400 Jahren konnte ein Forscher
beweisen, dass Luft ein Gewicht hat.
Ein Würfel Luft mit einem Meter Seitenlänge
wiegt etwas mehr als ein Kilogramm.
Die Erde ist von einer etwa 90 Kilometer
dicken Luftschicht umgeben.
Diesen Druck spürst du nur,
wenn er sich plötzlich ändert.
Zum Beispiel in den Ohren
beim Aufsteigen und Landen
eines Flugzeuges.

DAS WETTER

Für viele Menschen
ist das Wetter sehr wichtig.
Bauern und Bäuerinnen
müssen zum Beispiel wissen,
wann es regnet.
Piloten und Pilotinnen
wollen auf ihren Reisen
Unwettern und Stürmen aus dem Weg gehen.
Zum Wetter gehört vieles:
die Sonnenstrahlen, die Temperatur,
der Luftdruck, der Wind
und die Luftfeuchtigkeit.
Meteorologie ist die Wissenschaft,
die sich mit dem Wetter beschäftigt.
Hierfür werden verschiedene
Messgeräte genutzt.
Mit den Daten kann
das Wetter vorhergesagt
werden.

Bevor der moderne
Wetterbericht
entstand, gab es
Bauernregeln.

DIE WETTERKARTE

Auf einer Wetterkarte
sieht man alles, was zum Wetter gehört.
Für Sonne, Regen, Wolken, Schnee, Nebel
und auch Gewitter gibt es besondere Zeichen.
Auch die möglichen Tagestemperaturen
werden gezeigt.
So siehst du, ob du am Tag einen Schirm
brauchst oder kurze Hosen tragen kannst.
Kleine Messinstrumente
kannst du zu Hause nachbauen.
Ein Kiefernzapfen reagiert
sehr empfindlich auf Luftfeuchtigkeit.
Wenn das Wetter schön
und die Luft trocken ist, öffnet er sich.
Bei Regen schließt er sich wieder.

DAS KLIMA VERÄNDERT SICH

Forscherinnen und Forscher beobachten das Wetter auf der ganzen Welt seit vielen Jahrzehnten. Seit mehr als 30 Jahren bemerken sie, dass sich das Klima verändert. Auf der Erde wird es immer wärmer.

Die höheren Temperaturen führen weltweit zu Wirbelstürmen, Dürren und Überschwemmungen. Daher protestieren Menschen überall für eine bessere Umweltpolitik ihres Landes.

Weißt du, warum es immer wärmer auf der Erde wird?

Die wärmeren Temperaturen sind für viele Tiere und Pflanzen schlecht. Manche sterben oder sie finden nicht genügend Nahrung und Wasser. An den Polen schmilzt das Eis. Es fließt ins Meer und sorgt an den Küsten für Überschwemmungen. Gemeinsam suchen Menschen aus der Politik und Wissenschaft auf der ganzen Welt nach Lösungen.

ZU VIELE ABGASE IN DER LUFT

Wir nutzen täglich fossile Brennstoffe. Dazu zählen Kohle, Erdgas und Erdöl. Aus ihnen wird zum Beispiel Treibstoff für Autos und Flugzeuge hergestellt. Wenn wir nun mit dem Auto fahren, wird der Treibstoff verbrannt. Dabei entstehen Abgase, wie CO_2, die in die Luft abgegeben werden.

DIE UMWELT SCHÜTZEN

Auch jede und jeder Einzelne
von uns kann etwas tun,
um die Umwelt zu schützen
und den Klimawandel aufzuhalten.
Du kannst Strom sparen,
indem du zum Beispiel
Geräte ausschaltest, sobald
du aus dem Raum gehst.
Beim Duschen verbrauchst du
weniger Wasser als beim Baden.
Und die Spartaste auf der Klospülung
spart ein paar Liter Wasser ein.
Versuche, Müll zu vermeiden
und den restlichen Müll
richtig zu trennen.
So kann vieles noch einmal
verwendet werden.

VERKEHR

Bei einem Stau ist man
mit dem Fahrrad oder
der Straßenbahn
manchmal schneller.
ICE
LINIE3
BUS
Welches Verkehrsmittel
ist für die Umwelt
am besten?

AUF DER STRASSE

Straßen ziehen sich durch fast jede Landschaft und durch alle Dörfer und Städte. Auf ihnen fahren Autos, Lastwagen Motorräder, Traktoren oder Fahrräder. Gerade in großen Städten ist dort zu bestimmten Zeiten sehr viel los. Damit es auf den Straßen kein Chaos gibt, regeln Ampeln und Verkehrszeichen den Verkehr. Wenn man ein Fahrzeug fahren möchte, muss man vorher einen Führerschein machen. In einer Fahrschule lernt man, wie man das Fahrzeug fährt und was die einzelnen Verkehrszeichen bedeuten. Auch zu Fuß und auf dem Fahrrad muss man sich an die Verkehrsregeln halten.

Auch fürs Fahrradfahren gibt es einen Führerschein. Hast du schon einen gemacht?

AUF DER SCHIENE

Mit den öffentlichen Verkehrsmitteln
ist man in der Stadt schnell unterwegs.
Straßen- oder Untergrundbahnen
nutzen ein eigenes Schienennetz.
So können sie am Verkehr vorbeifahren.
Neben der Straßenbahn findet man
noch zahlreiche andere Bahnen.
Zahnradbahnen werden für Fahrten
auf hohe Berge verwendet.
Die Zahnräder unter der Lokomotive
greifen mit ihren Zähnen in die Schiene.
So können sie große
Steigungen leicht überwinden.

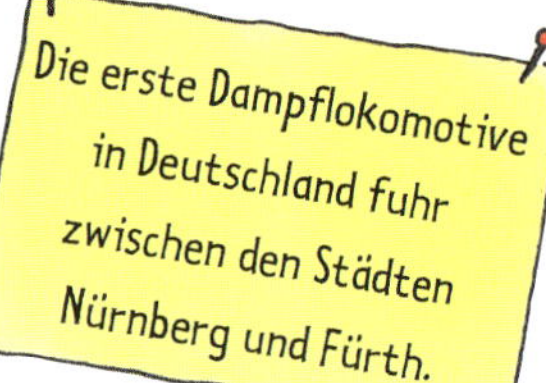

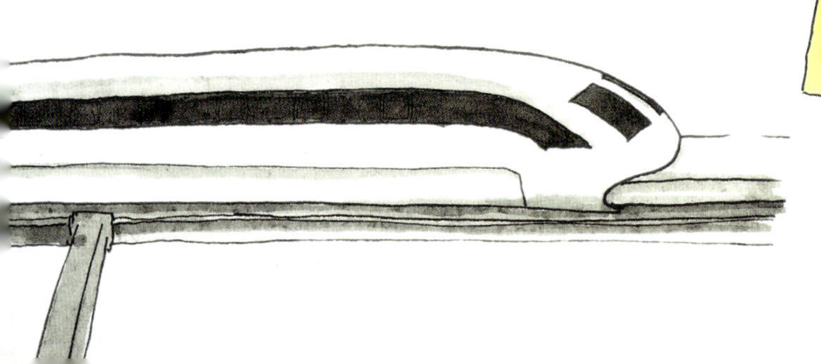

In Wuppertal findet man eine Schwebebahn.
Sie fährt an einer Schiene hängend
über den Köpfen der anderen
Verkehrsteilnehmer hinweg.

Den Zug kann man für längere Fahrten
zwischen größeren Städten
und auch Ländern nutzen.
In den Abteilen kann man lesen, essen
oder aus dem Fenster schauen.
In manchen Zügen kann man auch schlafen.
Früher wurden die Lokomotiven
mit Kohle betrieben.
Heute sind fast alle elektrisch unterwegs.
Die Züge können Geschwindigkeiten von
über 500 Kilometern pro Stunde erreichen.

IN DER LUFT

Der Mensch hat schon immer davon geträumt, fliegen zu können. Die ersten Erfinder nahmen sich die Vögel zum Vorbild. Sie bauten Flügel nach dem Vorbild der Vögel und beobachteten ihren Flug genau. Aus den ersten, noch erfolglosen Versuchen entwickelten sich im Laufe der Zeit verschiedene Flugzeugmodelle. Es gibt die, die von Motoren angetrieben werden, und die Segelflieger. In den großen Jumbojets finden mehr als 500 Menschen gleichzeitig Platz. Sie fliegen von Kontinent zu Kontinent. Die Reise ist meist viel schneller, als mit dem Schiff oder mit der Bahn.

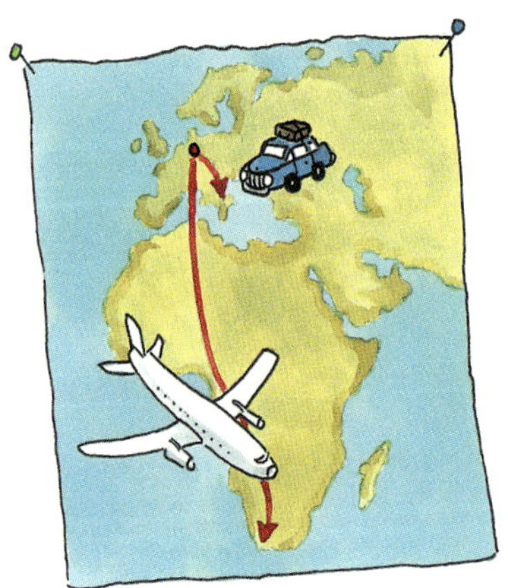

Warum ist die Stecke mit dem Flugzeug viel kürzer als mit Schiff und Bahn?

Manche Menschen
müssen beruflich viel um die Welt fliegen.
Für sie ist das Flugzeug
so selbstverständlich wie für dich der Bus.
Das sorgt aber dafür,
dass viel Treibstoff verbrannt wird.
Das ist für die Umwelt nicht gut.

Das Vorbild für den Hubschrauber
war ein kleines Insekt: die Libelle.
Sie kann ihre Flügel einzeln
und unabhängig voneinander bewegen.
Das macht auch den Hubschrauber
zu einem wahren Alleskönner.
Er kann in viele verschiedene Richtungen fliegen:
senkrecht nach oben, nach unten,
seitwärts und sogar rückwärts.
Da er auch in der Luft stehen kann,
macht ihn das zu einem hervorragenden
Rettungsflugzeug.

DIE RAUMFAHRT

Der Weltraum übt auf den Menschen
schon immer eine Faszination aus.
Er ist riesig. Wir können nicht genau sagen,
wo er endet und wo er beginnt.
1969 landeten zum ersten Mal
Menschen auf dem Mond.
Sie brachten Gesteine
mit zurück auf die Erde.
Ende des 20. Jahrhunderts wurde
die Internationale Raumstation
ins Weltall gebracht.
Dort arbeiten und leben Forscher
und Forscherinnen.
Sie sammeln Daten über das Weltall
und führen Experimente durch.
Der Mars ist das neueste Ziel
der Forschung.
Doch ein normaler Flug
dorthin würde bis zu
einem Jahr dauern.

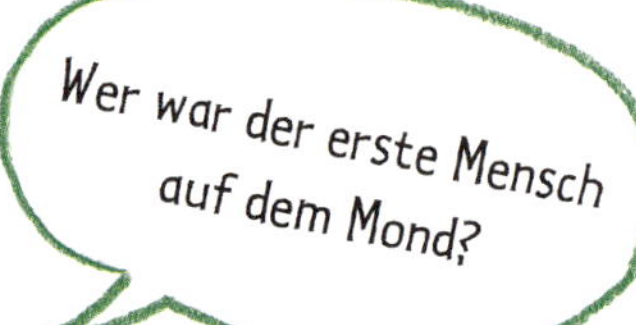

IMMER IN DER SCHWEBE

Im Weltall herrscht Schwerelosigkeit. Man muss in der Raumstation alles befestigen, sonst fliegt es davon. Auch die Astronautinnen und Astronauten müssen sich in ihren Schlafsäcken anschnallen. Essen, Haare schneiden und auf die Toilette gehen ist sehr schwierig. Tagsüber muss die Mannschaft regelmäßig Sport treiben, um ihre Muskeln zu erhalten. Wie alle Menschen sind auch Raumfahrerinnen und Raumfahrer neugierig, ob es im Weltall noch Leben auf anderen Planeten gibt.

AUF HOHER SEE

Schiffe gibt es in verschiedenen Größen
und mit unterschiedlichen Antrieben.
Segelschiffe nutzen den Wind.
Da aber nicht immer Wind weht,
haben sie meist auch
einen Motor mit an Bord.
Schiffe werden zum Transport von Waren,
zum Fischen oder auch
für Reisen verwendet.
Riesige Containerschiffe transportieren
ihre Waren zwischen den Kontinenten
hin und her.
Das größte Containerschiff der Welt
kann bis zu 23.000 Container laden.
In einem Hafen werden die Container abgeladen.
Von dort bringen Züge und LKWs
die Waren zu ihren Bestimmungsorten.

EINE WERKSTATT FÜR SCHIFFE

Schiffe werden in Werften gebaut
und repariert.
Für eine ausführliche Reparatur
muss das Schiff
aus dem Wasser geholt werden.
So kann man den gesamten Rumpf ansehen,
reparieren, putzen und neu streichen.

LÖSUNGEN

13 Was meinst du, wie die Menschen in der Zukunft leben werden? Natürlich weiß das heute noch niemand so genau. Forscher und Forscherinnen haben aber berechnet, dass es immer mehr Menschen auf der Welt geben wird. Da der Platz begrenzt ist, stellt man sich vor, dass es immer mehr Hochhäuser geben wird, in denen die Menschen wohnen können.

14 Schätz mal! Wie viele Haustiere gibt es in Deutschland? Es sind unglaubliche 34,3 Millionen Tiere. Das bedeutet, dass in jedem dritten Haushalt mindestens ein Haustier lebt. Am beliebtesten sind Katzen und Hunde.

20 Was ist unsportliches Verhalten? Jede Sportart hat ihre ganz eigenen Regeln, in denen es auch immer um Fairness geht. Verstößt jemand gegen diese Regeln, um für sich einen Vorteil zu erzielen, ist das unsportliches Verhalten.

27 Wie viel Liter Blut hat ein Erwachsener? Die Menge des Blutes hängt vom Gewicht eines Menschen ab. Ein Baby hat sehr viel weniger Blut, als ein erwachsener Mensch. Bei einem ausgewachsenen Mann können es bis zu 7 Liter Blut sein.

28 Ab wann kann man das Herz eines Babys schlagen hören? Das Herz eines Embryos, also eines ganz kleinen Babys, beginnt etwa ab dem 22. Tag der Schwangerschaft zu schlagen. Etwa ab der 6. Woche ist der Herzschlag auf dem Ultraschall nachweisbar.

36 Was genau ist eigentlich eine Mumie? Eine Mumie ist eine Leiche. Sie wurde so behandelt, dass ihre Knochen und die Haut lange erhalten blieben. Man nennt den Vorgang auch Mumifizierung. Mumien gab es vor allem im Alten Ägypten. Damals wurden hauptsächlich die reichen Menschen und Herrscher mumifiziert.

37 Weißt du, was eine Sphinx ist? Eine Sphinx ist ein Mischwesen – ein geflügelter Löwe mit einem Frauenkopf. Der Überlieferung nach glaubten die Menschen, dass die Sphinx jeden verschlingt, der das von ihr gestellte Rätsel nicht lösen kann.

38 Was ist eine Pechnase? Eine Pechnase ist ein kleiner Vorbau an der Mauer einer mittelalterlichen Burg oder an einem Tor. Durch die Pechnase konnten die Burgbewohner von oben flüssiges Pech auf die Angreifer vor der Burgmauer schütten.

39 Wodurch schützen sich Wasserburgen? Wasserburgen schützen sich durch einen breiten Wassergraben vor Angreifern.

40 Was waren die Aufgaben der Mädchen? Die adligen Mädchen lernten sticken und nähen, genauso wie lesen und schreiben. Für eine zukünftige Dame gehörte es sich, gut erzogen zu sein, zu musizieren, zu malen und zu zeichnen.

49 Auf welcher Hälfte leben wir? Deutschland und das gesamte Europa befinden sich auf der Nordhalbkugel.

50 Welches ist der größte und welches der kleinste Kontinent? Der größte Kontinent ist Asien, der kleinste Australien.

53 Warum ist der Wald so wichtig für uns? Die Bäume stellen den für uns so wichtigen Sauerstoff her. Dabei ziehen sie auch noch das ungesunde CO_2 aus der Luft.

53 Kennst du noch andere nachtaktive Tiere? Neben dem Dachs und dem Fuchs sind die Wildschweine, der Waschbär und der Luchs nachtaktiv. Auch der Igel, Eulen und Fledermäuse sind lieber nachts unterwegs.

54 Weißt du, warum sich die Blätter verfärben? Im Herbst baut sich der grüne Farbstoff in den Blättern ab. Dadurch entstehen Laubblätter in verschiedenen gelben und roten Farbtönen, bis sie schließlich abfallen.

55 Es gibt eine Speise, die wie „Humus" klingt. Schon probiert? „Hummus" ist eine arabische Spezialität aus pürierten Kichererbsen. Das Mus wird meist mit Sesamsoße, Knoblauch, Zitronensaft und Salz verfeinert.

56 Warum kann der Wasserläufer auf dem Wasser laufen? Der Wasserläufer nutzt die Oberflächenspannung des Wassers aus. Seine Beine sind weit gespreizt und verteilen so ihr sowieso schon geringes Gewicht.

60 Was ist dünne, was ist dicke Luft? Je höher man auf einen Berg hinaufsteigt, desto weniger Sauerstoffgehalt hat die Luft. Man spricht dann von dünner Luft. Dicke Luft ist auch ein anderer Ausdruck für verschmutzte Luft. Durch die Verschmutzung ist sie schwerer und liegt als sogenannter Smog vor allem über großen Industriestädten.

62 Was ist eine Oase? Eine Oase ist eine fruchtbare Stelle in der Wüste. Dort gibt es Wasser und somit auch Pflanzen.

66 Wie haben die Menschen in der Steinzeit Feuer gemacht? Sie rieben einen Feuerstein an hartem Gestein. Der Feuerstein gab Splitter ab, die sich selbst entzündeten. Trafen diese Splitter auf trockene Gräser oder einen Pilz, wie den Zunderschwamm, begannen diese zu glimmen.

72 Schätz mal! Wie viel Wasser verbraucht jeder von uns an einem Tag? In Deutschland verbraucht jeder von uns täglich etwa 130 Liter Trinkwasser. Das ist so viel Wasser wie in eine Badewanne passt.

78 Weißt du, warum es immer wärmer auf der Erde wird? In der Atmosphäre der Erde gibt es immer mehr CO_2. Diese Gase verhindern, dass die Sonnenwärme von der Erde wieder in das Weltall abgestrahlt wird. So wird es auf der Erde immer wärmer. Man nennt diesen Effekt auch Treibhauseffekt.

82 Welches Verkehrsmittel ist für die Umwelt am besten? Am allerbesten für die Umwelt ist das Fahrrad. Es wird durch reine Muskelkraft angetrieben.

86 Warum ist die Stecke mit dem Flugzeug viel kürzer als mit Schiff und Bahn? Flugzeuge müssen sich während des Flugs nicht an vorhandene Flüsse oder Schienennetze halten. Sie können auf direktem Weg in der Luft an ihr Ziel fliegen. Dadurch sind die zurückgelegten Strecken meist viel kürzer.

88 Wer war der erste Mensch auf dem Mond? Der erste Mensch, der jemals einen Fuß auf den Mond gesetzt hat, war der Amerikaner Neil Armstrong.